Les nouveaux biens communs ?

Collection *Monde en cours*
Série *La petite boîte à outils*

www.editionsdelaube.com

ISBN 978-2-8159-4720-6

Emmanuel Dupont
Édouard Jourdain

Les nouveaux biens communs ?

Réinventer l'État et la propriété au XXIe siècle

éditions de l'aube
fondation jean-jaurès

Emmanuel Dupont est expert et conseiller sur la transformation de l'action publique et les politiques territoriales.

Enseignant chercheur en théorie politique, associé à l'EHESS (CESPRA) et post-doctorant à Polytechnique, Édouard Jourdain a notamment publié *Les Communs* (PUF, coll. « Que sais-je ? », 2021), *Quelles normes comptables pour une société du commun ?* (ECLM, 2019), *Proudhon contemporain* (CNRS, 2018).

« Chacun peut constater au quotidien, dans son environnement, en ville, à la campagne, sur internet, la multiplication d'initiatives citoyennes qui illustrent la mise en œuvre de "communs". Qu'il s'agisse de permettre de se déplacer en partageant son véhicule, d'assurer un accès à la wifi, de partager des livres, de gérer la distribution de l'eau dans certaines villes, de cultiver au sein de l'espace public urbain ou dans des jardins collectifs ou partagés, d'aménager des espaces de loisirs, des espaces de création, de travail, de vie et même d'habitation, etc. Toutes sortes de ressources ou de services sont coproduits et auto-gérés par des personnes qui se regroupent, s'organisent pour ce faire. Dans certains cas, il s'agit de pallier l'absence ou la disparition de lieux, de services, de ressources; dans d'autres cas, de rendre abordables ces lieux, ces activités, ces possibilités, ces ressources, ou d'en assurer une présence pérenne et durable. Ces pratiques se développent ainsi par nécessité ou par choix et permettent aux individus de répondre à des besoins ou à des envies. [...] Un commun n'est pas un bien, mais plutôt l'association d'une ressource, d'une communauté, et des modalités de gouvernement collectif de la ressource développées par la communauté. C'est avant tout une pratique de partage, de mise en commun, ce que traduit le passage de l'expression "biens communs" à celle de "communs" dans la bouche des personnes investies dans ce type d'action. [...] On parle de "communs" lorsque, face à un problème, besoin ou envie, les individus se regroupent et choisissent d'agir en mobilisant leurs propres capacités individuelles et collectives, plutôt que de faire appel aux instruments (mécanismes) de l'État, services publics, administration, ou bien à ceux du marché, entreprises privées, mise en concurrence, loi de l'offre et de la demande. Pour la plupart, ces collectifs et ces initiatives n'excluent pas de

> s'articuler, selon les cas, avec l'État ou le marché. En revanche, ils ont pour objectif, affirmé de manière explicite ou implicite, la réalisation de ce qui est utile et juste du point de vue des membres du collectif. [...] s'investissant dans des domaines jusque-là souvent considérés comme relevant de la seule responsabilité de l'État, comme l'énergie, l'alimentation, l'accès et le partage de la connaissance, l'accès et la protection de l'espace public, et alors même que ces ressources sont de plus en plus souvent transformées en simple marchandise. »
>
> Gaëlle Krikorian et Fred Sultan, « La politique comme commun », *Vacarme*, n° 81, vol. 4, 2017, p. 22-27.

Ainsi, les communs constituent aujourd'hui une dynamique plurielle qui prend de l'ampleur, investissant de nouvelles manières de concevoir des pratiques d'auto-organisation, de coopération et de gestion collective. De plus en plus d'acteurs s'en réclament, certains en font sans le savoir, et si toutes les initiatives ne convergent pas nécessairement ni ne se coordonnent entre elles, il est indéniable que l'on observe une dynamique des communs, empruntant simultanément à des considérations sociales, économiques, mais aussi politiques.

Pour nos sociétés, les communs sont à la fois un souvenir et une invention. Émergeant dans des temps immémoriaux de l'histoire humaine en tant que gestion collective de biens ou de ressources par une communauté, ils renaissent aujourd'hui face à la menace de leur disparition ou pour imaginer de nouvelles formes d'action et d'organisation collective.

Opposés à la privatisation de certaines ressources, matérielles ou immatérielles, considérées comme collectives, les communs ne se positionnent pas pour autant en faveur d'un retour à la propriété publique pour organiser leur gestion et leur partage. Interrogeant de manière critique nos approches contemporaines de la propriété, aussi bien privée et publique, faisant valoir l'importance de penser et conforter les usages, les communs dessinent une voie alternative à l'opposition canonique entre marché et État.

À ce titre, ils actualisent de manière à la fois profonde et spectaculaire le débat quelque peu sclérosé en France sur la « chose publique » : sa définition, les conditions de sa prise en charge et ses finalités. Ils sont en ce sens une dynamique politique. Ils renouvellent en profondeur la critique contre l'accaparement et la marchandisation de certains biens et ressources, proposant des alternatives aux visions atomisées du « vivre-ensemble » offertes par le marché (consommateur/entrepreneur) ou l'État (citoyen/usager).

L'originalité de leur positionnement se manifeste dans le caractère à la fois pragmatique et radical des communs. Ce sont, en effet, des dispositifs organisés très concrets apportant des réponses à de nombreux problèmes sociaux ou environnementaux et reposant sur des principes d'autogestion, de capacitation et de démocratie. Ils témoignent à cet égard d'une créativité organisationnelle et institutionnelle considérable, tranchant avec le contexte de crise de l'action collective que nous connaissons dans nos sociétés. Sortant des limites de l'innovation sociale ou de l'économie sociale, ils conjuguent étroitement, et de manière inédite, la recherche de solutions opérationnelles concrètes, visant à gérer, préserver ou transmettre un bien, et le besoin de remise en cause sérieuse de nos modes de décision et de gouvernance.

Par leur dynamisme, leur capacité d'expérimentation et de rupture, par les réponses pratiques qu'ils apportent aux enjeux sociétaux, les communs nous semblent mériter une attention qu'ils n'ont pas encore, à l'exception de quelques cercles militants ou spécialisés. Avec eux, se constituent progressivement des registres d'action et un corpus politique ainsi que juridique de très grand intérêt, pouvant se vérifier à des échelles aussi bien locales que nationales et internationales.

La manière dont nous voudrions nous intéresser aux communs consiste à mettre l'accent sur ce potentiel politique transformateur en le reliant aux problématiques institutionnelles. Nous entendons par là la question de la relation politique (et donc stratégique) des communs aux institutions existantes, d'une part, et la question de leur propre institutionnalisation, d'autre part. Les communs seront ici dits « instituants » relativement à leur capacité à transformer les institutions en place et à en créer de nouvelles. Nous entendons par institutions des modalités de rayonnement et de coordination d'acteurs nombreux et dispersés, requérant de ce fait des besoins particuliers de formalisation de règles et d'outillage.

Cette approche conduit à s'interroger sur les conditions de leur développement et de leur diffusion, passant notamment par leur soutien et plus encore leur *reconnaissance* par l'État. L'enjeu est de taille, nous devons revoir assez radicalement les habituelles frontières ou modalités de coopération entre l'État et la société civile (telles que nous les connaissons, par exemple, avec les associations ou les entreprises).

C'est aussi mobiliser leur dimension normative et inspirante pour penser nos actuelles impuissances politiques et institutionnelles. En la matière, par l'importance qu'ils accordent aux usages (et donc aussi au faire) plutôt qu'à la seule propriété, par leur capacité à démontrer les compétences auto-organisationnelles et coopératives des acteurs sociaux et économiques, les communs nous ouvrent de nouvelles perspectives. Ils nous engagent ce faisant à penser une action publique plus démocratique, largement désétatisée, relevant d'une action publique collective plutôt qu'administrative. S'esquisse ainsi un nouveau champ de réflexion et de débat, que l'on espère national, touchant à des questions éminemment stratégiques et contemporaines d'évolutions de nos institutions étatiques – le terme recouvre ici ce qui relève de l'État dans une grande partie de ses fonctions, des services publics, mais aussi des collectivités.

Pour susciter et nourrir ce débat, considérons donc les communs comme une interpellation et une source d'inspiration. On peut aussi, compte tenu de leur dimension éminemment concrète et pragmatique, les mobiliser comme une méthode, sinon un cadre opératoire (ou plus exactement un cheminement opératoire) susceptible de nous apporter, alors qu'ils nous font tant défaut, de nombreux modèles de « mise en œuvre » (pensons ici à la transformation de nos politiques environnementales, économiques ou sociales). Il ne s'agit rien de moins, finalement, que de « prendre au sérieux » les communs.

Pour autant, nul besoin de les réifier, de les constituer en solution universelle prête à l'emploi. Bien au contraire, c'est en tant qu'ils sont une dynamique plurielle que les communs portent un potentiel de transformation important. Les communs ne sont donc pas un principe politique unique et supérieur visant à simplifier ou résoudre le besoin de compréhension et d'action sur elles-mêmes de nos sociétés. Comme nous le verrons, c'est au contraire parce qu'ils en épousent la complexité, récusant les modèles binaires et faisant place à des pluralités de régimes d'action, de propriété et d'usage que les communs sont particulièrement intéressants.

L'idée est bien ici de penser *avec* les communs et non de penser les communs.

Les communs : une histoire longue et prégnante

Si les communs connaissent un renouveau spectaculaire, ils ne sont pas une invention récente. Ils s'inscrivent dans une histoire longue et réactualisent ou font évoluer des réflexions multiséculaires déterminant largement la manière dont nos sociétés conçoivent leurs rapports à la nature et au temps, les relations de l'individu au groupe, la conception des biens et des ressources relativement à leurs usages et à leur statut, on pense ici, par exemple, à la propriété. Une histoire des communs serait de toute évidence une contribution anthropologique à la compréhension de nos sociétés.

Là n'est pas notre objet. Soulignons simplement que nos sociétés, en matière de gestion des biens et des ressources, n'ont jamais cessé de débattre de questions relatives à leurs usages, se posant toujours la question de leur relation au statut de ces biens et ressources, notamment dans leur rapport à la propriété. Ce point est important car il indique que la question des communs traverse l'histoire de nos sociétés et, à bien des égards, les caractérise selon la place qu'elle lui accorde dans le temps. Cette histoire, nos pratiques, mais aussi nos corpus politiques ou juridiques en portent les traces[1]. Une politique des communs pour le XXIe siècle ne partirait donc pas de zéro. Elle pourrait notamment consister à identifier et approfondir les points d'appui existants qu'est cet imaginaire du partage et du collectif très prégnant encore et donnant lieu à des approches très variées de l'usage d'un bien, ainsi que de nombreuses dispositions juridiques encore ou déjà en vigueur (sur le patrimoine, les biens publics, la propriété intellectuelle, la protection de l'environnement, etc.). Comme nous le verrons, le droit, en tant qu'il recèle des dispositions déjà favorables au développement des communs, ou qu'il en apporte de nouvelles, nous semble consubstantiel d'une démarche politique de reconnaissance des communs dans nos sociétés[2].

Que nous enseigne cette histoire des communs ?

1) les sociétés distinguent les biens et les ressources selon qu'ils sont appropriables ou non ; 2) la nature du bien ou de la ressource est très souvent déterminante pour

penser cette césure; 3) la qualité collective ou commun d'un bien ou d'une ressource n'obéit cependant pas totalement à cette distinction entre appropriable et non appropriable; 4) cette qualité est aussi largement déterminée par les usages qui en seront faits; 5) ces usages font l'objet de droits spécifiques; 6) concernant des biens appropriables, ces droits ne dépendent pas d'un seul et unique régime de propriété (public, privé, etc.).

Nous concernant, à partir des Temps modernes, l'histoire des communs est celle de leur affaiblissement continu. Aussi bien sur le plan philosophique qu'économique, la propriété privée s'impose progressivement comme un principe fondateur de nos sociétés. S'ouvre alors en Europe une période libérale marquée par la prédominance de l'idéologie propriétaire et que la Révolution française consacre avec le Code civil napoléonien. La propriété devient un principe politique supérieur et occupe désormais une place prééminente dans la hiérarchie des normes.

Très schématiquement, ce régime est actuellement le nôtre. Bien sûr, en réaction notamment aux excès du libéralisme économique et aux lacunes de la protection sociale, les XIXe et XXe siècles voient des mécanismes de limitation de la propriété privée se développer avec notamment la création de services publics et la mise en œuvre de l'État providence. Mais la matrice reste constitutivement celle de la propriété. En France, l'intérêt général participe ainsi simultanément d'une limitation des effets de la propriété privée et d'une préservation de cette dernière. C'est fondamentalement à l'intérêt général, face à la propriété, de se justifier (c'est ce point qui fait dire à certains que l'intérêt général n'est pas aussi général qu'il le prétend, même si la raison essentielle est le souci de limiter le pouvoir des communautés traditionnelles ou de la puissance publique face aux individus).

Le modèle des droits relatifs à la propriété privée se trouve progressivement importé dans la sphère publique. L'intérêt général conçu notamment pour limiter la puissance de la propriété privée sera progressivement celui de la propriété publique : les biens collectifs n'étant collectifs qu'en tant qu'ils sont propriété d'un acteur public. Cette assimilation s'accompagne d'un mouvement reconnaissant progressivement à l'État, à partir du XIXe siècle, des droits subjectifs le consacrant comme personnalité juridique. Ce qui relevait originairement du « public », c'est-à-dire à disposition du peuple, fait l'objet d'une appropriation par l'État comme propriétaire. Les biens publics sont progressivement définis comme la propriété d'une personne publique (État, collectivités, établissements publics), consacrant ainsi le transfert de la notion de propriété privée au pouvoir administratif sur les biens publics. C'est désormais la volonté de l'administration qui s'impose privant le public d'un droit de regard sur les biens et les ressources dont elle a la charge. En cela l'État a aussi participé à l'affaiblissement des communs, se substituant progressivement au public et l'excluant (à des degrés variables) de la gestion du bien ou de la ressource publique.

Faute d'espace, n'étant plus portés par des collectifs aussi forts que les défenseurs de la propriété privée ou de la collectivisation publique, les communs n'apparaissent plus comme une solution viable. L'essor continu du marché depuis deux siècles et celui plus récent (et peut-être plus bref) de l'État providence ont simultanément contribué à faire oublier l'intérêt des communs.

Il faut attendre la fin du XXe siècle, la dramatique prise de conscience des effets du manque de régulation publique, dans les secteurs de l'environnement, de la connaissance et du numérique notamment[3], pour que les communs ressurgissent comme une doctrine, une alternative, une réponse aux comportements prédateurs et confiscatoires de certains acteurs et à l'absence de capacité ou de volonté de l'État à y mettre fin.

Renouveau et actualisation des communs

Le raisonnement qui préside au « renouveau des communs » est très schématiquement le suivant : refus de la privatisation continuelle des biens et des ressources, qu'ils soient naturels ou non, et constat que leur étatisation n'est pas toujours la meilleure garantie de leur préservation, l'État se mettant de plus en plus au service des intérêts privés et/ou mettant en place une gestion bureaucratique impuissante, ne sachant associer les parties prenantes aux politiques publiques, réduisant le citoyen à un statut mineur d'usager ou d'administré. La critique se double d'une volonté très nette d'implication et de prise en charge directe de biens et de ressources par les citoyens, ici acteurs des communs. À ce titre, les communs participent activement d'une « philosophie du faire », bouleversant les frontières classiques de l'engagement politique pour le rapprocher de son activité professionnelle et de son mode de vie.

L'alternative consiste donc ici à organiser la gestion et l'usage d'un bien ou d'une ressource sur une base assumant plus clairement sa dimension collective. Commun emprunte au communautaire en ce sens que la valeur et la réalité d'un commun ne se réduisent pas à la somme des intérêts pouvant le composer. Pour autant, le terme de commun ne doit pas être associé à l'idée de communautés constituées de longue date, sur des bases que l'on pourrait qualifier (hâtivement) de traditionnelles. Ce sont des communautés *décidées*, et en ce sens il s'agirait plutôt de collectifs. Ce point sur la qualité de la communauté a une portée politique essentielle car derrière se profile une discussion sur la question de la taille et l'organisation des communautés fondant les communs qui est évidemment essentielle lorsque l'on s'interroge et/ou que l'on promeut le modèle politique que portent potentiellement les communs[4]. Nous aurons l'occasion de revenir sur l'importance de cette discussion, mettant en tension deux dimensions d'une même communauté dans son rapport à sa taille : son homogénéité, d'une part, et son caractère composite ou pluriel, d'autre part. Les communs varient notablement dans leur manière d'équilibrer les termes de cette relation, mais tous partagent cette conviction : ne procédant pas d'une communauté naturelle ou d'une autorité supérieure leur donnant mandat, le commun porte une exigence très forte de gouvernance collective.

Espaces ou dispositifs, les communs organisent et portent la gestion collective d'un bien ou d'une ressource (eau, forêt, habitat partagé, logiciels, tiers lieux, etc.) en élargissant et enrichissant les droits relatifs à la propriété et à l'usage d'un bien, donnant lieu ainsi à des relations très nouvelles entre les deux notions.

C'est à cet endroit que se déploient une approche et un mode d'organisation véritablement alternatif. Il combine, en effet, trois dimensions sans lesquelles il n'est pas possible de parler de commun :

1) l'identification d'une ressource matérielle ou immatérielle à produire, gérer ou préserver ;

2) une communauté de parties prenantes se constituant formellement sur un usage partagé ;

3) un système de droits et d'obligations, fondé sur le partage et la réciprocité, réglementant l'accès à la ressource et à son usage.

Un commun est donc d'abord et essentiellement une communauté pouvant mêler les parties prenantes les plus diverses selon le bien ou la ressource qui les unit, visant à produire, améliorer, préserver ce bien ou cette ressource, en la soumettant à l'arbitrage de la communauté organisée pour décider de ce qu'elle peut ou veut supporter pour le bénéfice de tous. Le commun, sa communauté, fait exister le bien ou la ressource dont il a charge. La production (ou la préservation) du bien et de la ressource n'est donc pas dissociée de sa gestion et de son usage (immédiat ou futur).

Dans cette perspective, l'établissement de communs résulte donc moins de la nature intrinsèque d'un bien que d'une dynamique collective (d'inspiration sociale, politique, économique, environnementale, peu importe) qui institue et gouverne le commun. Pour le dire autrement, les biens communs sont d'abord des biens relationnels[5], collectifs. D'où l'importance presque inédite donnée à la décision collective pour leur bonne gestion.

On le voit, partant des usages d'un bien ou d'une ressource, les communs nous engagent à penser la fonction sociale de la propriété.

L'apport déterminant d'Elinor Ostrom

Il ne serait pas possible de parler d'un renouveau des communs sans évoquer les travaux de l'économiste et politologue Elinor Ostrom, opportunément récompensée d'un Prix Nobel en 2009. Ils participent d'une véritable réhabilitation, tant doctrinale que politique, nourrie de nombreuses observations empiriques de communs (en charge, par exemple, de systèmes d'irrigation, de pêcheries, etc.). De ses travaux, retenons deux points nous intéressant particulièrement.

Face à la tradition économique libérale, qui considère que seuls quelques biens présentant des caractéristiques spécifiques (non exclusifs et non rivaux, pour reprendre la célèbre taxonomie de l'économiste Paul Samuelson) ne sont pas destinés à être gérés par le marché, Elinor Ostrom témoigne qu'un ensemble plus vaste de biens ou de ressources peut être mis en commun. Ses travaux soulignent aussi, contre la vulgate libérale arguant du caractère utopique ou de l'inéluctable « tragédie des communs », que les communs sont économiquement efficaces. Ce faisant, elle participe d'une pensée économique donnant une importance essentielle aux institutions.

Plus précisément, Elinor Ostrom porte et valide empiriquement le très important concept de « faisceaux de droits » consistant à reconsidérer la notion de propriété en rééquilibrant les droits liés à la propriété et les droits liés à usage, et ouvrant la possibilité de donner corps au concept de propriété commune. Ce faisceau de droit procède d'une définition de la propriété décomposée en cinq droits : le droit d'accès, le droit de prélèvement, le droit de gestion, le droit d'exclure, le droit d'aliéner. Ces droits se répartissent schématiquement entre quatre catégories d'acteurs : propriétaire, propriétaire sans droit d'aliénation, détenteurs de droits d'usage et de gestion, utilisateur autorisé. Cette approche permet d'identifier des régimes de propriété se composant et se décomposant selon la distribution des droits qu'ils incluent (par exemple, la propriété peut se composer de droits clairement définis sans que cela implique qu'ils intègrent le droit d'aliéner).

Au-delà de leurs apports économiques et juridiques, les travaux d'Elinor Ostrom soulignent ce que nous pourrions appeler une première dimension *instituante* des communs, soit la capacité d'une communauté à se constituer et à durer, par la mise en place de bonnes règles de gouvernance. Ces dernières sont exigeantes en ce qu'elles requièrent des usagers véritablement dépendants de la ressource (donc très concernés) et une vision partagée de la ressource (fondant un accord minimum). La coopération entre les parties prenantes doit être égalitaire, fondée sur la confiance et la réciprocité : les règles qui l'encadrent doivent être en conséquence et valider la capacité et la responsabilité de chacun. Elles doivent aussi porter une attention toute particulière aux mécanismes de prise de décision et de résolution des conflits. Dernier point qui caractérise ces communautés de gestion, elles doivent, selon Elinor Ostrom, obtenir l'appui et la reconnaissance d'institutions plus larges pour pouvoir se maintenir.

Ces travaux constituent une base empirique et analytique essentielle pour penser les communs. Plus largement, ils ouvrent la voie à une réflexion plus institutionnelle sur l'organisation politique de nos sociétés. Deux points nous semblent importants.

Le premier, c'est que les individus sont dotés d'une réelle capacité à entrer en coopération et à concevoir des règles de coordination et de gestion allant dans ce sens : les ressorts de l'intérêt privé et la compétition (pour les tenants du marché) ou de la hiérarchie et de la délégation (pour les tenants de l'État) ne sont que deux modes de gestion/distribution de la ressource parmi d'autres et manifestent en de très nombreuses occasions leur inadaptation à la situation. Les communs présupposent et consacrent un principe de responsabilité partagée des individus.

Le second point, c'est l'idée que l'efficacité et le développement des communs doivent s'inscrire dans un cadre institutionnel, comprenant l'État et le marché. Cette approche participe d'une sorte de réalisme économique, mais aussi politique. Elinor Ostrom valorise donc les échanges et les perméabilités entre les communs, le marché et l'État, en les rapportant fréquemment à des enjeux de coopération entre échelles géographiques (le commun étant plutôt local et l'État supra-local). Assumant pleinement la diversité et la combinaison des niveaux de prise en charge des biens et des ressources, Elinor Ostrom développe le concept de « polycentrisme politique ». Outre leurs compétences à se mettre en coopération, à ériger de bonnes règles de gestion, les communs participent donc d'un véritable savoir-faire sociétal à combiner des régimes d'action différents[6]. Cette compétence a été parfois mal comprise et réduite soit à une sorte d'idéal de cohabitation harmonieuse, soit à une triste nécessité avec laquelle composer. La critique n'est certainement pas dénuée de fondement, mais elle omet de souligner qu'Elinor Ostrom élabore sa thèse sur le polycentrisme dans une visée de rééquilibrage de rapports institutionnels très asymétriques. Surtout, elle ignore qu'à travers la combinaison des régimes se matérialise la question essentielle des rapports d'échelles géographiques[7]. Nous le verrons, c'est, en effet, un problème et un enjeu déterminant pour penser le développement des communs, notamment lorsque l'on souhaite penser la gestion collective de biens ou de ressources à grande échelle (le numérique étant une exception notable).

Les communs dans un contexte français marqué par le poids de l'État

Les travaux d'Elinor Ostrom constituent un point de départ essentiel pour penser le développement des communs et leur ouvrir des perspectives politiques et institutionnelles. Mais rapportés à la situation française, un important travail de contextualisation ou d'examen critique s'impose. Les débats académiques français donnant lieu à des positionnements souvent très contrastés à leur sujet témoignent qu'il est maintenant engagé.

Parmi les points importants à discuter, la question, compte tenu de son poids très important, de la relation des communs à l'État (rappelons, si besoin, que nous entendons par État les administrations non régaliennes[8], les services publics, mais aussi les collectivités). Sur un plan aussi bien politique que financier, humain et juridique, l'appareil administratif façonne notre quotidien, mais, au-delà, la manière dont nous envisageons la place des institutions publiques dans l'organisation de nos relations politiques et dans la prise en charge de la chose publique. L'État est un acteur essentiel, mais générant des asymétries profondes avec la société civile, bien au-delà de ce que les réflexions d'Elinor Ostrom laissent entrevoir. On pourrait dire qu'il génère *de fait* un rapport de force[9] dont il faut, pour les communs, évidemment tenir compte. La prégnance de son modèle est telle qu'elle peut, par ailleurs, constituer un obstacle à la bonne compréhension des communs et de leur originalité auprès de l'opinion publique, des forces politiques, syndicales, militantes, académiques, etc. L'ambition des communs à porter un intérêt collectif et à ne pas s'enfermer dans un modèle propriétaire privé peut apparaître comme une sorte de redondance inutile ou d'altération du service public.

Un débat de nature politique sur les communs et leur développement ne peut donc faire l'économie d'une prise en compte sérieuse de la question de l'État ; c'est un enjeu doctrinal et théorique (on pense au droit, notamment) et donc éminemment stratégique. Pour la mener à bien et éviter notamment de s'enfermer prématurément dans un débat (nécessaire aussi) sur le soutien financier de l'État aux communs (avantages/inconvénients), il semble important de l'inscrire dans un cadre plus large, celui du rapport des communs à l'institution et à l'institutionnalisation.

De ce point de vue, une réflexion collective entre acteurs des communs nous semble nécessaire. Elle pourrait articuler les questions liées au changement d'échelle, d'une part, et les questions liées à la montée en généralité, d'autre part, des communs ; avec, en arrière-plan, le constat maintes fois établi, mais très diversement apprécié selon les intéressés, que les communs sont encore très dispersés et ne pèsent pas à la hauteur de leurs ambitions et de leurs réussites. Il faut, en effet, admettre que si la dynamique des communs est importante, elle repose encore principalement à l'échelle du pays sur la multiplication de petits projets sectoriels ou territoriaux.

À bien des égards, cette réalité détermine la manière de penser le développement et l'essaimage des communs. L'envie de faire ensemble, la conscience d'un intérêt partagé à gérer et préserver un bien ou une ressource, le rôle essentiel donné au collectif, etc., empêchent, en effet, de penser les communs comme un modèle, pouvant faire l'objet d'un déploiement volontariste. Pour de nombreux acteurs, les communs doivent assumer cette dimension éclatée et marginale pour penser leur diffusion « par le bas », en tache d'huile, selon une logique de réseaux affinitaires et horizontaux[10], et en s'organisant sur un mode archipélique correspondant mieux à leurs valeurs et à leur organisation locale ou distribuée.

Cette approche s'accompagne souvent d'une pensée sur le vide d'un pouvoir, dépourvu de centre, et conduit à considérer comme inadaptée toute visée d'échelle et de nature nationale ou étatique. Il ne s'agit alors pas tant de conquérir un centre que d'occuper des lieux ou des milieux. Dans ce contexte, l'action en réseau se suffirait à elle-même, l'influence des communs se faisant par essaimage ou pollinisation (grâce notamment à l'exemplarité militante et pratique).

Cette approche présente l'avantage d'être souple et compatible avec la diversité qui caractérise les communs (dans leurs ambitions). Mais elle présente à nos yeux certaines limites. Elle peut conforter une approche assez élitiste ou exclusive de communs, cultivant entre eux un certain entre-soi militant, potentiellement radical, mais manquant de prise sur leur environnement et finalement peu accueillant à un large public. Elle rassemble des acteurs dispersés et encore peu nombreux, mais ne dit rien sur leur organisation dans un contexte de généralisation. Elle fait aussi courir, à l'extérieur, le risque d'une confusion durable entre communs, association, innovation sociale, économie sociale, etc., les communs n'étant plus que de classiques « porteurs de projet », plus ou moins demandeurs de soutien auprès de l'acteur public, des fondations, etc. Plus encore, elle conforte par le rejet d'un certain défaut de réflexion et de stratégie sur leur capacité à s'organiser et à mobiliser à grande échelle.

Finalement, la pensée et l'organisation archipélique présentent un double inconvénient pouvant rendre rapidement illusoires les ambitions transformatrices et l'autonomie des communs : négliger le poids d'un appareil administratif très présent et très légitime encore, monopolisant largement les prises de décisions, la production de normes et la distribution des ressources ; ou au contraire, surestimer ou surinvestir politiquement la question de l'État au point de n'en plus voir le caractère potentiellement malléable.

De ce point de vue, une clarification de leurs rapports à l'acteur public nous semble nécessaire. Cette clarification doit être offensive. L'idée n'est pas juste ici de s'enfermer dans un débat sur le degré et les modalités du soutien que les communs peuvent espérer de l'acteur public. Il s'agit de poser (et d'articuler en tant que de besoins) deux idées-forces : 1) les communs peuvent être des alternatives à la gestion publique de certains biens ou ressources ; 2) il y a plus globalement une urgence à repenser nos principes et notre organisation de l'action publique. Dit autrement, les communs devraient avoir, selon nous, une parole politique, expliquer comment ils souhaitent voir se réorganiser et évoluer l'acteur public, au-delà d'une stricte relation de soutien.

Il faut pour cela afficher des visées de nature institutionnelle, penser théoriquement et politiquement des formes de montée en généralité. Cette dernière doit articuler la question de la multiplication souhaitée des communs (comment s'organiserait leur multitude) et la question de leur échelle géographique (selon qu'il s'agit de communs locaux, nationaux, etc.).

Le sujet mérite réflexion et supposerait l'ouverture d'un débat construit.

Ce faisant, nous assumons une considération relativement littérale du caractère instituant des communs. Il ne s'agit pas ici de valoriser leur capacité à instituer ex-nihilo le social et ce faisant la société comme nous y invite certains ; le propos est plus modeste et vise à inviter les communs à l'institutionnalisation politique de la prise en charge collective de biens et de ressources dans un contexte sociétal donné[11].

Le rapport des communs aux institutions doit être compris comme la prise en compte (sincère et sérieuse) de la problématique de leur installation et de leur rayonnement dans le paysage français. Il s'agit donc d'aller bien au-delà d'une reconnaissance sur un mode que nous pourrions qualifier de mineur, à titre d'action exemplaire, qu'elle soit militante, innovante, locale, etc. Partant de là, la question de l'institutionnalisation des communs, ou du moins le besoin d'en penser les contours, procède d'une triple intention : 1) acquérir une position de force dans les relations avec les autres institutions (pour se développer, obtenir leur soutien et/ou pour les transformer) ; 2) dépasser le seul cadre local[12] ou militant ; 3) anticiper les besoins et imaginer une organisation des communs entre eux.

L'institutionnalisation doit donc ici être entendue comme un mouvement d'organisation et de reconnaissance de la capacité *instituante* des communs à large échelle. Sur un plan tant conceptuel et stratégique, elle relève d'une attitude ambitieuse et conquérante, anticipant les risques de dispersion et de manque d'impact des communs, et se hissant au niveau d'un débat politique sur nos institutions et l'organisation de notre action publique[13].

Critiques de l'État par les communs

Cherchant à susciter ou à traduire l'émergence entre communs d'un sentiment de puissance (au sens de capacité d'agir collectif à grande échelle), l'institutionnalisation aurait donc un double enjeu : la capacité à penser une coopération/structuration des communs entre eux ; la production d'une stratégie d'engagement (dialogue et rapport de force) avec le secteur public. Les deux enjeux nous paraissant assez indissociables.

Avant d'aborder ces questions, un préalable nous semble nécessaire à poser (et à discuter). Les communs portent une critique simultanée de l'État et du marché. Il faut souligner que la critique n'est pas strictement de même niveau : la critique du marché est plus radicale que celle portée contre l'État. Les raisons en sont assez évidentes : l'époque témoigne d'abord des errements et des abus du marché et de la propriété privée. L'État malgré tous ses défauts poursuit, du moins théoriquement, des objectifs de limitation de ces abus et emprunte fondamentalement au principe d'une gestion collective de certains biens et ressources. La critique du capitalisme l'emporte sur celle de la bureaucratie (c'est peut-être une différence avec le domaine dit de l'innovation sociale). Symétriser les deux critiques nous semblerait, pour les communs, constituer une véritable erreur politique et stratégique. Elle les priverait d'un levier de développement et d'influence essentiel pour limiter l'accaparement privé de biens ou de ressources d'intérêt collectif.

Cette précaution prise, détaillons un peu la critique que portent les communs à l'État.

On peut schématiquement identifier trois registres discursifs factuels portant respectivement sur : 1) l'incapacité à anticiper et à s'adapter aux problématiques émergentes ; 2) la mauvaise gestion des biens et des ressources ; 3) le transfert à des acteurs privés et la marchandisation de biens et de ressources jusque-là publics. Les trois registres se combinent au gré des situations et des sensibilités, l'objet n'est pas ici de les détailler, ils participent d'un climat bien connu de suspicion à l'encontre de cet acteur et de ses modes opératoires.

La première série de critiques porte sur la privatisation des biens publics ou collectifs. L'État n'est plus considéré comme suffisamment protecteur des intérêts collectifs relativement à certains biens ou ressources : il est perméable aux intérêts privés et depuis une trentaine d'années opère, sous de multiples formes, des privatisations de biens considérés comme publics (communications, transports, santé, etc.). Ces privatisations débordent le cadre de la traditionnelle concession de services publics à un acteur privé. Elles se caractérisent, certes, par un changement de statut du titulaire de ces biens, mais surtout s'accompagnent d'une absence complète d'anticipation et/ou de volonté de maintenir une affectation collective à ces biens. Ne pensant que transfert de propriété et régulation par le marché, la privatisation ne s'est accompagnée d'aucune réflexion sur la gouvernance des entreprises bénéficiaires, faisant perdre à l'État les restes d'une gouvernance politique collective de ces biens que constituaient les tutelles. La critique porte plus largement sur la privatisation de biens n'étant pas forcément déjà constitués comme publics. Des biens nouveaux ou déjà existants mais apparaissant comme maintenant collectif (eau, terres agricoles, forêt, par exemple) au regard d'enjeux récents (transition écologique, transfert aux générations futures…) révèlent l'incapacité de l'État à les protéger de privatisations apparaissant comme strictement marchande, voire confiscatoire.

À ces considérations factuelles s'ajoute une critique de fond. L'État s'impose maintenant en France comme le seul garant de l'intérêt général, conçu comme une problématique d'agrégation d'intérêts particuliers subsumée par un principe supérieur, mais aussi une autorité. Apparu initialement pour signifier la souveraineté de la Nation et pour limiter l'arbitraire du pouvoir et la puissance des intérêts privés, l'intérêt général de la Nation s'est progressivement trouvé accaparé par l'État (en tant qu'appareil administratif). Deux dimensions bien connues de cette dynamique française : la volonté générale procède d'individus (éclairés, isolés et abstraits : on aura reconnu le citoyen), aucun intérêt ni aucune volonté ne peuvent se retrouver entre les individus et l'État ; l'attribution progressive à l'État, à partir du XIXe siècle, de droits subjectifs le consacrant comme personnalité juridique. Il en résulte la situation bien connue de confusion récurrente entre l'intérêt général et l'intérêt de l'État.

En invisibilisant le public dans la gouvernance du domaine public, l'administration a considérablement restreint ses capacités de participation. Au mieux informé et consulté, il n'a que rarement une place dans la gestion directe (qui peut prendre la forme d'une cogestion des particuliers avec les autorités publiques ou d'une gestion intégrale où les particuliers prennent seuls les décisions) et jamais il n'est considéré comme possible leur autogouvernance qui suppose que l'autorité publique permette aux particuliers de définir eux-mêmes les institutions de gouvernement de la ressource.

La conception française de l'État explique et justifie la manière dont nous avons organisé (et désorganisé) les services publics. Venant compléter les fonctions régaliennes, ces derniers sont, en effet, l'incarnation et le déploiement de l'État auprès de la population. Cette approche a permis de contenir la privatisation de certains biens et de développer les services publics, mais elle a reporté sur ces derniers une logique d'intérêt général abstrait partant de l'individu où les services publics s'adressent avant tout à une masse indistincte. Procédant de l'État, les services publics sont aussi conçus comme des organisations créées pour exécuter. Il n'est pas prévu de les doter d'une autonomie ou d'une compétence réflexive, s'organisant, par exemple, par la reconnaissance d'une capacité délibérative et une gouvernance ouverte. Ce point fait aussi écho au constat qu'un grand nombre de services publics ne se sentent pas véritablement dépositaires et responsables d'une ressource, à gérer, préserver, transmettre : ils ne sont que des exécutants.

Par ailleurs, n'appréhendant pas la dimension relationnelle des biens et des ressources à gérer collectivement, les services publics dispensent des droits à l'endroit de l'administré. La notion d'usager, si souvent utilisée pourtant, relève ici d'un registre mineur, conformément à la primauté donnée à la titularité sur l'usage. La passivité de l'usager[14] (allant jusqu'au non-recours) s'explique alors notamment par le fait que le service public, cherchant d'abord à garantir la particularité de son statut et de son domaine, n'a pas suffisamment investi la question des usages et des droits des usagers, notamment en matière de décision et de contrôle.

L'importance stratégique pour les communs de leur relation politique à l'État

Monopolisant la chose publique et invisibilisant ses titulaires, l'État bureaucratique, quand il ne privatise pas ses missions et son action, manifeste une réelle inaptitude à la gestion de nombreuses problématiques (surtout quand elles apparaissent comme émergentes : numérique et data, transitions écologiques, etc.). La capacité à penser les biens ou les ressources comme relationnels et à mobiliser en conséquence les parties prenantes semble inaccessible pour des services publics et des collectivités organisés comme des administrations. On voit alors comment les deux phénomènes se renforcent mutuellement : l'État bureaucratique et propriétaire s'impuissante progressivement et se délégitime (perdant ses visées et ses capacités de régulation et de gouvernance collective) invitant progressivement à une gestion privée de biens ou de ressources collectifs au profit d'acteurs privés censés être plus efficaces. C'est peu à peu l'idée même d'intérêt général qui en vient à se désincarner, battue en brèche ou insaisissable, diluée entre de multiples acteurs et relevant de gouvernances plus ou moins définies et contrôlables.

Les communs, à bien des égards, participent eux aussi de cette dynamique de remise en cause et d'éclatement de la sphère publique et même ils en bénéficient. Mais dans une perspective politique de montée en puissance, ils ne peuvent, selon nous, s'en contenter. Une telle stratégie serait pour le moins hasardeuse : elle conduirait à se priver d'une stratégie de conquête et d'alliance à destination de l'acteur public, pour seulement se positionner en creux de l'État et de ses défaillances. Outre qu'il en résulterait le risque de ne jamais trouver, comme nous l'indiquions, de modèles économiques viables, cette stratégie pourrait contribuer à brouiller leur image et à ralentir le ralliement des tenants du secteur public traditionnel (susceptible de considérer les communs comme des ferments de dissolution, voire alliés objectifs du tout marché plutôt qu'une source de renouvellement).

Sortir d'une relation binaire entre acteurs publics et communs

En appelant de nos vœux une relation politique et transformatrice des communs aux acteurs publics, nous pensons possible un horizon politique allant au-delà d'une forme de cohabitation bancale, entre des sentiments de crainte, d'hostilité ou d'indifférence, d'une part, et l'installation plus ou moins résignée dans une relation utilitariste de soutien, d'autre part. Il faut pour cela surmonter les approches par trop binaires et réifiantes, ne visant qu'à souligner les différences en tant qu'acteur au détriment de son interlocuteur. L'objectif est bien d'atténuer les asymétries de pouvoir entre des acteurs de poids et d'influence différents. Dans cette perspective, nous avons besoin, sinon d'une théorie, du moins d'un cadre d'analyse rendant possible l'examen partagé des limites de chacun des protagonistes et autorisant des attentes réciproques acceptables.

Ce cadre, c'est, en réalité, un débat, une réflexion collective, des confrontations et beaucoup de pratiques situées, faisant place à la capacité des uns et des autres à trouver des cadres d'échange ou de coopération *ad hoc*. Un principe commun unit ces acteurs : la promotion du caractère collectif de certains biens ou ressources et donc le refus d'en faire des produits marchands. Pour autant, il faut aussi pouvoir forger et partager des concepts, des principes susceptibles de rendre plus facilement intelligible et convaincante l'ambition poursuivie. De ce point de vue, les travaux récents d'un groupe de juristes sur l'échelle de communalité nous semblent constituer une avancée majeure. Ces travaux sont d'ores et déjà, de notre point de vue, essentiels et constituent une contribution majeure aux réflexions lancées par Elinor Ostrom (mais aussi les juristes italiens, etc.).

Sous couvert de propositions concrètes pour « intégrer les biens communs en droit », ces juristes font littéralement pivoter la question des communs et ouvrent des perspectives jusque-là peu connues. De quoi s'agit-il ?

En s'attachant à montrer que les dimensions de commun d'un bien ou d'une ressource ne relevaient pas strictement du statut de sa propriété (qu'elle soit privée ou publique) et en soulignant que le caractère commun d'un bien ou d'une ressource empruntait à plusieurs (et non un seul) critères se combinant diversement entre eux, les auteurs en sont arrivés à proposer la notion, plus dynamique, de communalité et à forger un outil de mesure/analyse appelé « échelle de communalité ». Il ne s'agit donc plus strictement de penser exclusivement les communs, mais aussi un niveau de communalité. « La notion de communalité permet de saisir la part du collectif dans les agencements de droits et intérêts à l'égard de biens ou ressources[15]. » Ce qui pourrait sembler n'être qu'un léger changement de perspective s'avère en réalité d'une grande richesse, notamment dans une perspective de débat sur la dimension institutionnelle des communs. Avant de nous en expliquer, rappelons très schématiquement de quoi est faite cette échelle de communalité.

Le degré de communalité d'un bien ou d'une ressource dépend de deux critères, l'un dit d'intérêt commun et l'autre dit d'inclusivité. Le premier se rapporte à l'utilité collective du bien ou de la ressource (usage commun, impératif de préservation, gestion commune) ; le second se rapporte à la possibilité pour chacun d'en revendiquer le droit d'usage, de gestion ou de contrôle. Cette échelle de communalité s'attaque donc au caractère par trop exclusif des droits associés à la propriété, et s'applique indifféremment, de manière transversale, aussi bien à la propriété privée que publique. Elle repose sur l'identification de trois instances plus ou moins distinctes selon la manière dont s'organise le rapport au bien ou à la ressource : une communauté attributaire (ou d'usage), une communauté délibérative (décisionnaire) et une communauté de contrôle. Pour résumer, « moins il est possible d'exclure un individu du cercle des bénéficiaires mais également de ceux des décisionnaires et encore des contrôleurs plus la chose concernée peut être dite ouverte et plus elle peut par la suite être considérée comme communalisée[16] ».

De cette approche, résulte quelques points majeurs[17]: 1) le collectif fondant le commun n'est plus réduit à une communauté homogène – de ce fait souvent de taille réduite –, et peut être désormais appréhendé de façon composite et plurielle; 2) un commun est une combinaison de critères diversement dosés et pouvant évoluer déjouant la tentation fixiste du modèle; 3) il en résulte l'impossibilité de tenir une position strictement binaire de type commun/pas commun.

Cette échelle propose un cadre d'analyse d'une portée heuristique et pratique importante. Elle s'attache à qualifier le degré de communalité (dit autrement la part de collectif) dans les agencements de droits et d'intérêts à l'égard de biens ou de ressources, sans préjuger de leur statut. Elle reconnaît ainsi la propriété privée et la propriété publique comme porteuse, possiblement, de communalité. Elle offre ce faisant une grille de lecture partagée pour penser ce que peuvent se reprocher mutuellement communs et acteurs publics : pour les premiers, le caractère non collectif, non démocratique de la gestion des biens et des ressources et, pour les seconds, le nombre réduit de bénéficiaires[18] et le caractère parfois fermé de la communauté.

Avec cette grille d'analyse (ne perdons pas de vue son caractère analytique et encore exploratoire, il ne s'agit pas d'un cadre d'action empirique ou politique éprouvé), acteurs publics et communs disposent d'une ébauche de cadre commun, pour mieux se différencier et se comparer par leur manière de combiner les critères d'intérêt commun et d'inclusivité et, ce faisant, de donner à leurs instances une taille, un poids et un degré d'imbrication entre elles, très variable.

Au-delà, elle offre aussi un cadre de pensée pour les relations entre communs eux-mêmes. Ce n'est pas ici l'objet d'avancer des pistes concrètes sur les conditions possibles d'organisation des communs entre eux – notamment, comme indiqué précédemment, dans leur capacité à appréhender de plus vastes échelles d'action (allant au-delà des seules mises en réseau, mutualisation, partage de savoirs, etc.) –, mais il semble évident que, selon la taille, l'objet, l'échelle d'action des communs, des articulations et des complémentarités peuvent être imaginées. Au-delà des seules coopérations horizontales, des formes de verticalité inédites entre communs pourraient être imaginées. Le pluralisme fondant le principe de communalité pourrait s'y prêter, notamment dans sa capacité à distinguer et à articuler des instances de communalité à des échelles différentes pouvant être incarnées par des communs de types différents[19]. L'idée de fédéralisme des communs[20] trouverait à s'en inspirer.

Finalement, l'échelle de communalité s'utilise potentiellement comme une grille d'analyse apportant un cadre possible de discussion. Sur un plan conceptuel, penser de manière graduelle la notion de communalité permet de dépasser une opposition par trop binaire entre communs et acteurs publics pour établir une possibilité de continuum – continuum d'autant plus intéressant qu'il n'est pas linéaire, mais offre une combinaison variable de critères. Ce dépassement ne doit pas être entendu comme le souhait un peu naïf et volontariste de rapprochement ou de réconciliation entre acteurs relevant de régimes d'action différents : il est un outil d'englobement de l'action publique dans une grille d'analyse conçue en partant des communs.

C'est donc un outil critique particulièrement puissant de notre point de vue. Ce que semblent perdre les communs (comme modèle réifié, principe unique ou exception fascinante), ils le gagnent en vision, en ouverture et en capacité critique.

On voit alors combien le lien des communs à l'acteur dans une visée de transformation politique et publique dépasse le cadre d'une articulation entre l'État et la société civile[21]. C'est en partant de ces constats bien connus mais en les pensant *avec* les communs que s'esquisse un véritable programme de transformation publique et politique. Il ne s'agit pas ici de renouer avec les incessantes et infructueuses modernisations de l'État, ne visant finalement soit qu'à simplifier et rationaliser un appareil administratif sans véritablement l'interroger, soit qu'à accélérer sa privatisation et son alignement sur une logique de marché[22].

Le cadre posé, il faut immédiatement souligner que, selon les domaines, les acteurs, les biens et les ressources et les échelles territoriales, les relations entre communs et acteurs publics sont à constituer de manière *ad hoc*. Aucune généralité, notamment juridique, ne paraît permise.

Signalons cependant deux décisions de fond, ouvrant à de larges possibilités d'action, qui consisteraient à réviser le statut de l'État relativement aux biens dont il a la charge. Ces propositions sont notamment portées par les juristes mobilisés en faveur de l'échelle de communalité et nous la faisons nôtre :

1) refondre le code général de la propriété des personnes publiques (CGPPP) pour en faire le code des biens communs (c'est-à-dire l'ensemble des biens privés et publics affectés à l'exercice de droits

fondamentaux et considérés comme d'intérêts collectifs[23]) ;

2) relativement au domaine public, insérer la notion de garde dans ce même CGPPP, la garde consistant à stipuler que l'État n'en est pas le propriétaire mais le gardien.

Une politique des communs pourrait agir en deux sens. D'abord, intégrer les communs qui le souhaitent dans un cadre d'action publique repensé pour les y accueillir. Des formes, à inventer, de concession/ délégation de service public pourraient être conçues en ce sens. L'avantage de cette approche serait de fournir un modèle économique plus sécurisant aux communs et de les encourager à s'ouvrir à un large public. Ensuite, engager un travail de démocratisation et donc de réorganisation de la gouvernance de nos services publics. C'est un enjeu majeur, maintes fois souligné et documenté, se heurtant malheureusement à une véritable inertie institutionnelle (et malheureusement délaissée par tous les acteurs ou penseurs de la réforme de l'État)[24]. Il s'agit ici de reconnaître aux acteurs de la société civile une capacité de gestion des services, tenant compte de la diversité des usages qu'ils peuvent en faire. Concrètement il ne s'agit donc pas d'associer au titre de représentants abstraits et isolés d'« usagers » (encore moins de seulement consulter), mais de reconnaître pleinement un pouvoir de gestion doublé d'un pouvoir de représentation d'intérêts collectifs selon des usages différenciés. L'organisation collégiale des communs pourrait inspirer cette nouvelle gouvernance des services publics afin de mieux prendre en compte les bénéficiaires ; dans ce cadre, les communs pourraient se voir confier un rôle. On pourrait notamment imaginer les communs comme des collectifs méritant d'être associés à cette gouvernance, ou les intégrer dans les instances de contrôle (de l'affectation à un intérêt commun), s'accompagnant d'un pouvoir à agir en justice renforcé.

Remarques sur la décentralisation

De par leur objet et leur niveau d'organisation, de très nombreux communs sont des dispositifs ancrés dans un territoire. De nombreuses pratiques, sur des sujets émergents comme ceux de l'environnement, de la solidarité, etc., trouvent plus facilement à s'expérimenter et à se faire financer à cette échelle. Il y semble plus facile de constituer les communautés nécessaires et d'identifier les biens ou les services qu'elles ont à prendre en charge. Par ailleurs, le territoire ouvre des espaces d'institutionnalisation plus ouverts qu'au niveau national, handicapé par sa proximité avec l'État central. Territoires et communs font donc bon ménage et c'est pourquoi les communs ne peuvent manquer de s'intéresser aux questions de décentralisation.

Leur contribution principale pourrait consister à nous sortir d'un modèle de décentralisation, dont nous pensons qu'il arrive à ses limites. Ce modèle consacre les collectivités, organisées sur le modèle de l'État comme des administrations, et ne pense que des relations verticales de centre à périphérie. La décentralisation n'est qu'un face-à-face entre l'État et les collectivités dont les territoires, à savoir la société civile, sont exclus. À bien des égards, la décentralisation n'est finalement qu'un dialogue entre administration (elle participe un peu du même phénomène qu'observé avec les privatisations : le transfert de propriété occulte la nécessaire réflexion sur la gouvernance de ces structures).

Dans ce contexte, et malgré leur proximité si souvent affichée avec le territoire, les collectivités sont à la peine. On ne compte plus les démarches de diagnostics, de participation, de consultation, appel à projets, etc., visant à rapprocher collectivités et territoires. De toute évidence, les communs participent de cette dynamique de rapprochement. Il est donc nécessaire et évident que les collectivités, en l'état, soutiennent les communs et se posent en partenaire sincère et non hégémonique. Bienveillance, facilités, financements, appels à commun, co-gestion (par exemple dans le cadre de SCIC), etc., sont les éléments clés de cette relation de confiance et d'appui. Au-delà de cette contribution, des pistes de transformation institutionnelle des collectivités (au niveau le plus local : communes/intercommunalités) apparaissent. Deux perspectives retiennent ici notre attention.

La première consisterait à penser la création et le déploiement de communs interterritoriaux, y compris entre collectivités. Visant d'abord à conforter les collectivités dans leur périmètre et dans une relation verticale à l'État, la décentralisation a complètement échoué à penser et susciter les relations interterritoriales. Les territoires ne sont reconnus qu'en tant qu'ils sont locaux. Leur capacité à se constituer aussi comme des acteurs de grande échelle, capable ensemble de concevoir et porter des politiques de niveau national et à s'entraider (ingénierie, outils, etc.) est un impensé de la décentralisation. La constitution de communs visant à créditer des efforts de mutualisation et d'action commune donnerait une orientation toute nouvelle à la décentralisation. Ces communs participeraient ainsi d'une montée en puissance nationale et non pas seulement locale des territoires.

La seconde nous engage à penser une transformation possible de l'échelon communal consistant à les concevoir et les réorganiser comme un niveau d'action publique en charge du soutien et de la coordination des communs territoriaux. Cette approche donnerait un cadre substantiel et renouvelé au principe de subsidiarité entre collectivités dont on voit qu'il peine à s'imposer malgré son évidence. Plus opportunément, une telle évolution permettrait d'offrir un avenir à l'échelle de proximité locale (la commune) dans un contexte de perte d'influence évidente.

Conclusion

Notre propos n'a d'autre prétention que d'être une contribution modeste aux nombreuses réflexions qui agitent le monde des communs. Partant de ce que pensons comme une relation de cousinage[25] – fort distendue, n'en disconvenons pas – entre communs et action publique, il vise à suggérer l'intérêt et la nécessité d'en penser et d'en approfondir les termes. La démarche n'a d'autre fondement que la conviction, doublée d'une observation empirique de plusieurs années, que les communs recèlent un potentiel politique de transformation, aussi radical que pragmatique, qui ne trouvera à s'exprimer qu'à la condition d'un engagement fort sur les enjeux d'action publique.

Accompagnant cette conviction, il y a le constat qu'au regard des défis écologiques et sociétaux qui nous attendent, l'acteur public tel qu'il est organisé et qu'il organise (à la hauteur de ses moyens, encore très importants) notre avenir n'est pas en mesure d'y répondre de manière satisfaisante. Les causes en sont multiples et rien ne serait plus simpliste que d'en appeler à la « fin de l'État » pour résoudre le problème, mais accordons-nous sur le constat que l'action publique, telle que nous la connaissons, confine souvent à l'impuissance ou cède à la pression d'intérêts privés.

Le débat, fondateur et nécessaire, sur la chose publique, consistant à décider ensemble de ce qui est d'intérêt collectif et de la meilleure manière de le gérer et de le préserver, semble avoir disparu, laminé par quarante ans de blocages et de grignotages divers de l'action publique. Visiblement, notre manière de penser et faire vivre l'intérêt collectif ne convient plus. Entre monopole administratif, transfert à des acteurs marchands ou partenariats public-privé de plus en plus flous, la privatisation de l'intérêt collectif est assez manifeste.

Dans ce contexte, les communs nous apparaissent comme une dynamique nouvelle, porteuse de profondes transformations. Ils portent, en effet, une capacité d'action inédite, orientée vers une réelle prise en charge collective de biens ou de services. Au-delà, ils accompagnent la production d'un corpus politique d'une grande ambition, résonnant avec les attentes (d'engagement, de préservation, d'efficacité, de contrôle, etc.) de très nombreux citoyens et nous autorisant donc à penser autrement que dans le cadre étroit de l'alternative entre le marché ou l'État dans laquelle nous nous sommes enfermés.

Revisitant la question de la propriété, les communs portent une critique forte à son encontre, qu'elle soit privée ou publique, sans pour autant faire de sa disparition la pierre angulaire de tout changement.

Ils apportent une capacité inédite, pour des acteurs de la société civile, à porter de réelles ambitions de gestion collectives (bien au-delà de ce que rend possible l'association ou l'entreprise) ; en ce sens, ils constituent un véritable outillage pour aider la société civile à s'organiser et à porter des projets d'intérêt général. Au-delà, en revisitant de manière très neuve la question de la propriété et de son rapport aux usages, les communs portent une critique sévère contre l'idée que la propriété publique serait l'unique manière de défendre des intérêts collectifs et proposent une nouvelle manière de reconsidérer le rôle de l'État, en l'émancipant de prérogatives de propriétaire.

Ces deux caractéristiques ouvrent la voie à une action publique collective, largement débureaucratisée et s'appuyant sur des collectifs d'action, locaux ou nationaux. À ce titre, les communs enrichissent leur projet de transformation sociale et politique d'une dimension institutionnelle essentielle. Avec eux se dessinent les contours d'un véritable programme politique sur l'évolution de nos institutions, donnant ainsi aux acteurs de la transformation un cadre opératoire et institutionnel leur faisant souvent défaut.

Mais concevoir et mettre en place une telle politique des communs nécessite de s'organiser, de se constituer un corpus doctrinal, d'expérimenter, d'entrer en confrontation et en dialogue avec les acteurs publics institués. La démarche est exigeante, doublement. Elle suppose pour les communs à ne pas se satisfaire d'un rôle secondaire de tiers secteur en émergence n'ayant finalement de rapport à l'acteur public qu'en tant qu'il peut le soutenir (lui laissant finalement le soin de concevoir et porter l'action publique). Elle requiert aussi de se porter à la hauteur de certains enjeux politiques ou institutionnels sans céder à la tentation de « refaire société » dans les marges, avec le risque toujours de finir réifié en modèle général ou principe politique unique.

À cette condition, une politique des communs pourrait s'engager. Souhaitons maintenant qu'elle puisse susciter la discussion et nourrir le débat politique au plus large de la société.

Notes

1. Les communs ne doivent surtout pas être perçus, comme c'est parfois le cas, comme *résiduels* ou strictement *vernaculaires*.
2. Profondément empiriques, se fondant sur des communautés de proximité, laissant d'abord parler les usages, de nombreux communs contemporains entretiennent une relation contrariée, indifférente ou hostile, au droit : il entérine un rapport de force défavorable et peut susciter le rejet, mais il apparaît pourtant comme moyen puissant au service d'une stratégie de développement. Nous reviendrons sur ce point: la créativité sociale et politique des communs doit s'accompagner d'une réelle créativité juridique.

C'est en ce sens, aussi, qu'ils peuvent être qualifiés d'« instituants ».

3. Il y a d'abord le constat que la propriété telle qu'elle organise actuellement l'économie conduit à une destruction ou à l'accaparement de nombreux biens et services dont on réalise, plus ou moins tardivement, qu'ils sont d'intérêt collectif. À cela s'ajoute un mouvement continu de privatisation de nouveaux biens et ressources et/ou la mise en place de règles ou d'outils limitant les usages communs d'un objet jusqu'à rendre son accès impossible. Les sciences, le numérique, les biens naturels sont parmi les domaines où le phénomène est le plus fort (en témoignent notamment les combats juridique et politique qu'il faut maintenant engager contre des politiques de licences ou de brevetabilité de la connaissance ou du vivant menées sous couvert de la propriété intellectuelle ou tout simplement pour la reconnaissance de biens communs naturels).
4. Le sujet est d'autant plus important que les communs n'ont pas de statut juridique spécifique susceptible de

« simplifier » la question de la nature de la communauté. Les communs peuvent être de simples collectifs, des associations, des coopératives, voire des entreprises dans le cas de gestion foncière ou de fiduciaires.

5. Pour illustrer cette dimension relationnelle, l'eau est un bon exemple : lorsqu'elle passe de bien de consommation distribuée à des particuliers à ressource naturelle obligeant particuliers, professionnels (dont agriculteurs), usagers de la nature, habitants d'un territoire, etc., à se mettre d'accord sur sa gestion.
6. Voir Elinor Ostrom, *Understanding Institutional Diversity*, Princeton, Princeton University Press, 2005.
7. Elinor Ostrom privilégiait l'analyse de communs locaux et l'étude de son polycentrisme reste marqué par une sorte de micro-institutionnalisme, mais en convoquant le marché et l'État, elle mobilise, de fait, des échelles d'action très vaste.
8. Le terme prête peut-être à confusion et n'est peut-être pas le mieux choisi. Il vise, sans en définir *a priori* le contenu, à signifier le périmètre de

réflexion qui est le nôtre, à savoir les domaines d'action publique dont on pense qu'ils ne sont pas du ressort exclusif de l'État.

9. Rapport de force pouvant aussi s'exprimer de manière bienveillante, par exemple en souhaitant traiter ou soutenir les communs comme des associations ou de simples « porteurs de projet ».
10. Même si la réalité montre que les réseaux ne sont pas dénués de capacité à faire émerger et entretenir parmi certains de leurs membres des positions de pouvoir et de surplomb.
11. Sur ce thème, voir par exemple la critique de l'ouvrage *Commun* de Pierre Dardot et Christian Laval par Stéphane Vibert, « L'institution de la communauté », *SociologieS*, 19 octobre 2016.
12. Ainsi, nous devons être en capacité de penser des communs à grande échelle, se substituant ou transformant des structures nationales (pensons, par exemple, aux nombreux établissements, offices, agences, etc., qui mériteraient une discussion sérieuse sur

leurs conditions de leur gouvernance et leurs manières de considérer un bien ou une ressource comme collectif).

13. Sur ce point, essayons de tirer les leçons, sinon de l'échec, du moins des difficultés du mouvement associatif, puis de l'économie sociale et solidaire à se développer et à peser sur les politiques publiques, à la hauteur des enjeux et des valeurs qu'ils défendent. Faute d'avoir porté une stratégie politique de transformation des institutions et de véritable montée en généralité, ces deux secteurs peinent à se faire reconnaître et subissent l'inadaptation des modes de financement (multiplication/juxtaposition d'initiatives et de projet) et réduisant considérablement leur impact. Penser et outiller la montée en généralité des communs dans son rapport à la question institutionnelle est indispensable pour porter leur développement : l'un et l'autre vont de pair. Faute de quoi nous aurons pour les communs les mêmes et incessants débats que ceux sur l'impossible changement d'échelle ou l'essaimage en matière d'innovation sociale.

14. Ce point fait écho au constat maintes fois établi que l'établissement de droits ne suffit pas à faire capacité. Les communs participent, ce faisant, d'une réflexion essentielle sur nos principes de justice et viennent opportunément nourrir les perspectives ouvertes par Amartya Sen avec sa notion de capabilités. Un important programme de recherche serait à mettre en œuvre sur le lien des communs aux théories de la justice que véhicule notre action publique. Signalons que cette piste de réflexion a été ouverte de manière très intéressante, à partir du tiers lieu qu'elle anime, par Geneviève Fontaine dans sa thèse de doctorat.
15. Judith Rochfeld, Marie Cornu et Gilles J. Martin (dir.), *L'échelle de communalité. Propositions de réforme pour intégrer les biens communs en droit, Rapport final de recherche*, GIP Mission de recherche Droit et Justice, n°17-34, avril 2021.
16. *Ibid.*
17. On pourrait ajouter que l'échelle de communalité, par ses dimensions graduées et plurielles, irréductible à une hiérarchisation linéaire, offre aussi un

autre intérêt. Elle présente l'avantage de pouvoir libérer les acteurs des communs d'un souci, pouvant vite devenir stérile ou conflictuel, de définition exacte du/des commun(s). Rapporté à un mouvement en pleine croissance, mais très divers dans sa composition et dans ses ambitions, et donc à ce titre susceptible de se diviser, ce point n'est pas dénué d'intérêt.

18. Le service public s'adresse à une masse indistincte mais nombreuse de citoyens. Mettre en tension services publics et communs suscite presque immédiatement la réaction suivante : beaucoup de communs ne sont pas universels, leurs communautés sont limitées. Rapportés à leurs bénéficiaires, ils ne sont pas aussi inclusifs que le service public.
19. Un exemple simple : la capacité de contrôle et/ou de pouvoir à agir en justice pourrait, tout ou partie, être déléguée à des communs dédiés.
20. Michel Bauwens propose, par exemple, une fédération de chambres de communs basés sur le modèle des chambres de commerce, articulant

les niveaux locaux et nationaux (voir Michel Bauwens et Vasilis Kostakis, *Manifeste pour une véritable économie collaborative*, Paris, Éditions Charles Leopold Meyer, 2017).

21. Penser, côté acteur public, les communs comme un simple assouplissement ou un ajustement des modes d'intervention de l'administration, comme une manière nouvelle de se concilier la coopération de la société civile (comme peuvent l'être la participation ou la concertation) est l'équivalent, côté communs, à se penser pensant comme tiers secteur, complémentaire au marché et à l'État, en attente d'abord de soutien financier.
22. Dit brutalement, cette modernisation n'est plus que le symptôme d'un État impuissant, s'occupant à se réorganiser sans cesse pour entretenir une illusion de maîtrise et d'influence.
23. L'Italie avait engagé en 2007 une réforme institutionnelle en ce sens qui n'est pas allé à son terme.
24. La révision de leur gouvernance dans un sens collégial apporterait pourtant de nombreux avantages, dont celui de

faire converger trois problématiques trop souvent dissociées : la mise en place d'une véritable participation des publics, la remise en cause de l'hégémonie de la haute fonction publique sur les services publics; la juste prise en compte des groupes d'intérêts.

25. Osons une comparaison audacieuse, en forme d'extrême simplification : les services publics sont des communs qui ont été déviés de leur cours ; les communs (certains du moins) sont des services publics en devenir.

Table des matières

Les nouveaux biens communs ? .. 7
Introduction 11
Les communs : une histoire longue et prégnante 18
Renouveau et actualisation des communs 24
L'apport déterminant d'Elinor Ostrom 29
Les communs dans un contexte français marqué par le poids de l'État 36
Critiques de l'État par les communs 46
L'importance stratégique pour les communs de leur relation politique à l'État 54

Sortir d'une relation binaire entre acteurs publics et communs... 57
Remarques sur la décentralisation 70

Conclusion 75
Notes 81

Reconnue d'utilité publique dès sa création, la Fondation Jean-Jaurès est la première des fondations politiques françaises. Indépendante, européenne et sociale-démocrate, elle se veut depuis vingt-cinq ans un lieu de réflexion, de dialogue et d'anticipation. Les partenariats éditoriaux qu'elle engage répondent à l'ambition de faire naître analyses pertinentes et propositions audacieuses, mais aussi de mettre cette production intellectuelle et politique au service de tous. Gilles Finchelstein et Laurent Cohen sont directeurs des publications de la Fondation Jean-Jaurès.

Dans la même série,
en coédition avec
la Fondation Jean-Jaurès

Jean Viard, *Un nouvel âge jeune ? Devenir adulte en société mobile*

Ismail Ferhat, *Des discriminations sous-estimées ? Les musulmans en France*

Julien Damon, *Inconfinables ? Les sans-abri face au coronavirus*

Adeline Hazan, Adrien Taquet, *La Prison, alpha et oméga de la punition ?*

Chloé Morin, Daniel Perron, *Être vieux : relégation ou solidarité ?*

Denis Maillard, *Indispensables mais invisibles ?*

Antoine Bristielle, *À qui se fier ?*

David Ménascé, Pierre Victoria, *Entreprises et territoires : nouvelle alliance ?*

Iannis Roder, *Prof, mission impossible ?*

Sarah Proust, *Télétravail : la fin du bureau ?*

Vincent Aubelle, Émeric Bréhier, Jean-Paul Planchou, *Comment fonder la République décentralisée ?*

La Clairière des LIVRES

Pour chaque titre d'un livre imprimé, un arbre est planté dans une forêt de 15 hectares en Centre Bretagne.

www.typolibris.fr (by Printcorp)

Pour limiter l'empreinte environnementale de leurs livres, les éditions de l'Aube font le choix de papiers issus de forêts durablement gérées et de sources contrôlées.

Achevé d'imprimer en décembre 2021
sur les presses de l'imprimerie Printcorp
pour le compte des éditions de l'Aube
331, rue Amédée-Giniès,
F-84240 La Tour d'Aigues

Numéro d'édition : 4721
Dépôt légal : janvier 2022
Numéro d'impression : 21110184

Imprimé dans l'Union européenne